AF340889

EXPLICATION

ET USAGES

DU

PLANISPHÈRE CÉLESTE

DE ROBERT DE VAUGONDY.

EXPLICATION DU PLANISPHÈRE.

Si vous concevez la sphère céleste divisée en
deux parties égales par un plan passant par le
centre, chacune de ces parties vous donnera un
Hémisphère.

La projection de deux hémisphères célestes sur
le plan d'un grand cercle, qui leur sert de base,

se nomme un *Planisphère*. Cette projection se fait ordinairement sur le plan de l'équateur, et alors un Planisphère est composé de deux parties , dont l'une représente l'hémisphère *Septentrional*, et l'autre l'hémisphère *Méridional*.

Vous comprenez , sans doute, qu'il est impossible de représenter un Hémisphère sur un plan, sans en altérer ou défigurer les différentes parties. La projection la plus favorable est celle connue sous le nom de *projection stéréographique*. Cette dénomination dérive de deux mots grecs , ϛερεος, solide , et γραφω , décrire. On peut en voir la méthode et la pratique pour tous les cas principaux , c'est-à-dire , sur les plans du méridien , de l'équateur et de l'horizon , dans les œuvres de d'Alembert , et dans l'Encyclopédie , au mot *Stéréographique*.

Cette projection donne la surface de la sphère sur le plan d'un de ses grands cercles , l'œil étant supposé au pole de ce cercle. Elle a deux avantages : 1° elle ne donne que des cercles ou des lignes droites , très faciles à tracer ; 2° les degrés des cercles qui sont égaux , deviennent, à la vérité , inégaux dans cette projection , mais cette inégalité est beaucoup moins sensible que dans toute autre projection.

Le Planisphère de Vaugondy , publié en 1763 , représente les constellations tant anciennes que modernes; aussi proprement gravé, que soigneusement exécuté en couleurs, il a reçu un nouveau degré d'utilité , par les corrections , et additions qui ont été faites par MM. Lalande, la Caille, Messier et Méchain.

D'après cet exposé, nous pouvons entrer dans l'explication, et en faire connaître les usages.

DE L'HÉMISPHÈRE SEPTENTRIONAL.

Le centre de cet hémisphère est le *pole arctique* : le petit cercle décrit de ce pole, comme centre, se nomme *cercle polaire arctique*. Son rayon de 23° 28′ est égal à la distance du pole de l'écliptique et de celui du monde, ou à l'obliquité de l'écliptique sur l'équateur. Son intersection avec le colure des équinoxes désigne le pole de l'écliptique. Le petit cercle, décrit du même pole du monde, avec un rayon de 66° 32′ (complément de l'obliquité de l'écliptique), est le tropique *du Cancer* ; il rencontre le colure des *Solstices* au point solstitial d'été, ou au point du Cancer, point où le soleil s'approche davantage du pole septentrional ou boréal du monde.

Les deux lignes droites, qui se coupent à angles droits au centre de cet hémisphère, représentent deux demi-colures ; le colure, qui passe par les points équinoxiaux, s'appelle *colure des Equinoxes* ; celui qui passe par les points solstitiaux, se nomme *colure des Solstices*. Les deux colures partagent chaque hémisphère, ainsi que l'équateur et l'écliptique, en quatre parties égales.

A partir du pole arctique, le colure des équinoxes est divisé en 90° numérotés de deux manières. La numération de la droite marque la déclinaison ou la distance à l'équateur ; celle de la gauche indique la distance au pole.

Le cercle, éloigné de 90° du pole de l'écliptique,

et ponctué de degrés en degrés, est *l'Ecliptique*,
au milieu d'une large bande divisée par un grand
nombre de lignes transversales : il coupe l'équateur
en deux points diamétralement opposés, et lui est
incliné sous un angle de 23° 28'. C'est ce cercle que
le soleil parcourt, ou semble parcourir dans l'espace
d'une année, ou en 365 jours et un quart.

Cette bande, ou zone, dont l'écliptique occupe
le juste milieu, représente le zodiaque avec une
largeur de 14°. Les constellations comprises dans
cette zone, s'appellent *Constellations zodiacales*.
Le point, qui dans chaque hémisphère, est égale-
ment éloigné de tous les points de chaque moitié
de l'écliptique, s'appelle *le pole de l'écliptique*. Les
deux points où l'écliptique coupe l'équateur, se
nomment *points équinoxiaux ;* celui où l'écliptique
coupe l'équateur, jour où commence le printemps,
c'est-à-dire, le 21 mars, s'appelle *point équinoxial
du printemps* celui où l'écliptique coupe l'équateur, jour où commence l'automne, c'est-à-dire,
le 23 septembre, s'appelle *point équinoxial d'automne.* Enfin les points dans chaque hémisphère
où l'écliptique s'éloigne le plus de l'équateur, se
nomment *points solstitiaux*, parce que, quand le
soleil se trouve dans ces points, ce qui arrive le 21
juin et le 21 décembre, cet astre paraît stationnaire
pendant quelques jours, ne s'approchant, ni s'éloi-
gnant de l'équateur. Ainsi, dans l'hémisphère septentrional, le point, où l'écliptique s'éloigne le plus
de l'équateur, est nommé *point solstitial d'été*, et
celui, dans l'hémisphère méridional, où l'écliptique
s'éloigne le plus de l'équateur, est nommé *point
solstitial d'hiver.*

Le Zodiaque et l'Ecliptique sont divisés en six portions égales de 3o en 3o°, dont chacune est un signe, et chacun de ces signes est subdivisé en 3o parties ou degrés par des portions de cercle, qui prolongées aboutiraient au pole de l'écliptique, sur lesquelles se comptent les latitudes des astres, en partant de l'écliptique, et qui, par leur intersection avec l'écliptique, font connaître les longitudes.

Les portions de cercle, à-peu-près parallèles à l'écliptique, servent, par leur distance, à déterminer la latitude des astres situés dans le zodiaque.

Tous les cercles, vers le milieu desquels se trouve le pole de l'écliptique, sont des cercles de *latitude*, qui partagent l'hémisphère en zones, chacune de 1o°. Les cercles sont excentriques à cause de la nature de la projection.

L'Equateur, sur le plan duquel est projeté cet hémisphère et qui le termine, représenté par trois cercles concentriques, doit être considéré sous trois rapports différens, à cause de ses différens usages.

Le cercle intérieur est divisé en 36o°, dont le premier commence au point équinoxial, ou du *Bélier*. Chaque degré se subdivise en quatre parties de 15 minutes chacune. A l'aide de cette division, vous pouvez trouver l'ascension droite d'une étoile, c'est-à-dire, l'arc de l'équateur compris entre la section du Bélier et le cercle de déclinaison qui passe par l'étoile.

Le cercle intermédiaire est divisé en 24 parties égales, dont chacune vaut une heure, et répond à

15 degrés de l'équateur. Chaque heure est subdivisée en 60 parties, dont chacune vaut une minute de temps, et répond à 15′ de l'équateur. Ces minutes sont numérotées de 10 en 10 ; l'usage est de donner l'ascension droite des étoiles en temps, et par conséquent de trouver le temps du passage d'une étoile au méridien chaque jour de l'année.

Le cercle extérieur est divisé en mois et en 365 parties et un quart, dont chacune vaut un jour. Chaque jour est divisé en quatre parties, dont chacune vaut un quart de jour ou six heures. Ce cercle sert à donner l'ascension droite du soleil et des astres pour chaque jour de l'année.

DE L'HÉMISPHÈRE MÉRIDIONAL.

Ce qui vient d'être dit de l'Hémisphère Arctique ou Septentrional, s'applique exactement à l'hémisphère antarctique ou méridional, puisque l'un est au nord ce que l'autre est au sud, et qu'ils composent ensemble le Planisphère. On reconnaît sur chaque hémisphère la projection des mêmes cercles, et de même que le pole arctique est le centre de l'hémisphère septentrional, le pole antarctique, ou opposé est le centre de l'hémisphère méridional.

Le petit cercle concentrique à l'équateur, qui, dans chaque hémisphère, touche l'écliptique au point où ce grand cercle s'écarte le plus de l'équateur, est appelé tropique du *Cancer* dans l'hémisphère septentrional, et tropique du *Capricorne* dans l'hémisphère méridional ; parce que, quand le soleil se trouve en ces points opposés, ce qui arrive le 21 juin et le 21 décembre, comme nous l'avons déjà dit, il paraît retourner vers l'équateur dont il s'était éloigné pendant les trois mois précédens.

Les deux lignes droites, dont il a été parlé dans l'hémisphère septentrional, se coupant aussi à angles droits au centre de l'hémisphère méridional, vous donnent les colures des solstices et des équinoxes, partageant chaque hémisphère, de même que l'équateur et l'écliptique en quatre parties égales, et la portion d'un des colures, comprise entre le pole de l'équateur, est divisée en 90 parties, dont chacune vaut un degré.

Toutes les lignes menées du centre de chaque hémisphère aux différens points de l'équateur, représentent des cercles de déclinaison.

La déclinaison d'un astre est le nombre de degrés dont il est éloigné de l'équateur. Un astre situé sur l'équateur n'a aucune déclinaison. La déclinaison d'un astre est septentrionale ou méridionale, selon qu'il est dans l'un ou dans l'autre hémisphère.

L'ascension droite d'un astre est le nombre de degrés de l'équateur compris entre le point équinoxial du printemps et le cercle de déclinaison qui passe par le centre de l'astre.

Les figures tracées sur ce planisphère rappellent que, dans les premiers temps, on dessina une figure qui renfermait toutes les étoiles comprises dans chacun des signes du Zodiaque. Cette figure et les étoiles ainsi réunies dans un nombre plus ou moins grand, furent nommées une *Constellation*. Ce n'était d'abord que des lignes tirées d'une étoile à l'autre. Quand on voulut leur imposer des noms; on prit des noms d'animaux, d'où la zone, qui les renferme, a reçu le nom de *Zodiaque*.

DES CONSTELLATIONS.

Hipparque, astronome de Nicée en Bythynie, nous a laissé, l'an 159 avant J. C., un catalogue de 1022 étoiles fixes, et de leur mouvement autour des poles de l'écliptique. Claude Ptolomée, qui observoit à Alexandrie, vers l'an 138 de J. C., a distribué ces 1022 étoiles, visibles à la vue simple sur son horizon, en 48 constellations, dont 21 au nord, 15 au sud et 12 dans le Zodiaque.

Les astronomes modernes ont augmenté le nombre des constellations du nord de 15 nouvelles, et celui des constellations du sud de 31. Dernièrement, en 1789, M. Hell, astronome de l'université de Vienne, en a ajouté 3 dans la partie du nord, de manière que le nombre actuel des constellations est de 97.

L'usage de ce planisphère consiste donc, 1° à faire connaitre les principales constellations; 2° à faciliter la solution de différens problèmes d'astronomie. Connaissant un petit nombre de constellations, il vous sera facile de signaler toutes les autres, puisqu'elles ont dans le ciel la même disposition que sur le planisphère. Pour vous le prouver, il suffira de vous donner le moyen de saisir bien quelques constellations vers le nord, et quelques autres vers le sud.

Constellations Septentrionales.

Pendant une belle nuit, considérez attentivement le ciel, vous remarquerez que toutes les étoiles décrivent, ou paroissent décrire, autour de la terre, des cercles, qui deviennent d'autant plus petits, que les étoiles, qui les parcourent, sont plus voisines d'un point fixe et immobile, placé dans la concavité du ciel. Ce point fixe, pour l'hémisphère septentrional, est le pole-nord du monde.

Auprès de ce pole, vous observerez une étoile de deuxième grandeur, qui se montre à peu-près à la même hauteur sur l'horizon, à quelque heure de la nuit qu'on la considère. Elle est appelée *étoile polaire*, placée à l'extrémité de la queue d'une constellation connue sous le nom de *petite Ourse*, et composée de sept étoiles, dont quatre forment un quadrilatère, et les trois autres un arc de cercle.

Un peu plus loin du pole, vous remarquerez une autre constellation composée pareillement de sept étoiles de deuxième grandeur, dont quatre forment un quadrilatère, et les trois autres un arc. Ces sept étoiles sont dans un ordre parallèle, mais opposé à celui des sept étoiles de la petite Ourse. Cette constellation est la *grande Ourse*.

Si, par les deux dernières étoiles du quadrilatère de la grande Ourse, vous imaginez une ligne droite tirée vers le pole, cette ligne droite passera très près de l'étoile polaire et vous la fera connaître.

La petite et la grande Ourses étant bien connues, vous pouvez aisément, à l'aide du planisphère, connaître les autres constellations de l'hémisphère septentrional.

Constellations Méridionales.

Pour avoir la connaissance des constellations méridionales, voici celles par lesquelles il est plus a propos de commencer. Dans le mois de janvier ou de février, sur les sept ou huit heures du soir, portant vos regards vers le sud ou midi, vous apercevrez trois étoiles de deuxième grandeur, très proches l'une de l'autre, sur une ligne droite, et dans le milieu d'un grand quadrilatère. C'est la constellation d'*Orion*; ces trois étoiles forment le baudrier d'Orion, vulgairement les *trois Rois.*

Dans la direction des trois Rois et du côté du sud-est, par rapport à Orion, vous découvrez *Sirius*, la plus belle étoile du ciel, dans la constellation du *grand Chien.*

Les mêmes trois étoiles du baudrier d'Orion montrent encore, par leur direction, du côté de l'ouest, en tirant vers le nord, un groupe, ou amas de petites étoiles fort près les unes des autres; ce groupe compose les *Pléiades*, placées sur le dos du Taureau.

Dans la constellation du Taureau, non loin des Pléiades, brille une étoile de première grandeur, située sur l'œil austral; cette étoile se nomme *Aldebaran.*

Au nord de Sirius, et à l'est d'Orion, vous remarquez encore une étoile de première grandeur, faisant avec Sirius et le baudrier d'Orion un triangle presque équilatéral; c'est *Procyon*, étoile de la constellation du *petit Chien.*

Avec ce petit nombre d'étoiles, le planisphère vous procurera sans peine la connaissance des autres. Si vous desirez un détail plus étendu sur la propriété des différens cercles de la Sphère, vous pouvez consulter un ouvrage, intitulé: *Usages de la Sphère et des Globes*, etc., par Delamarche, où l'on donne le dénombrement des constellations anciennes et modernes, avec l'ascension droite et la déclinaison des principales étoiles réduites pour l'année 1790, suivant l'atlas de Flamstéed, corrigé et augmenté de plus de douze cents étoiles, par M. Méchain, de l'Académie des Sciences de Paris.

USAGES DU PLANISPHÈRE.

PROBLÈMES.

PROBLÈME I. *Trouver l'ascension droite du soleil, c'est-à-dire, le nombre de degrés dont il est éloigné du point équinoxial du printemps, pour un jour donné.*

Dirigez une règle sur le centre de l'hémisphère, où se trouve le soleil, et sur la division du cercle extérieur, qui répond au jour proposé; le nombre des degrés de l'équateur compris entre la règle et le point équinoxial du printemps, sera l'ascension droite du soleil; le nombre d'heures et de minutes du second cercle, compris entre la règle et le même point équinoxial, sera la même ascension droite du soleil, réduite en temps.

Exemples.

L'ascension droite du soleil, le 10 mai 1790, à midi, est de 47° 30′, et en temps, de 3 heures 10′.

Le 15 novembre à midi, elle est de 231°; et en temps, de 15 heures 24′.

Le 8 décembre à midi, elle est de 255° 30′, et en temps, de 17 heures 2′.

PROBLÈME II. *Trouver l'ascension droite d'une étoile.*

Dirigez une règle sur l'étoile et sur le centre de l'hémisphère, où elle est placée; le nombre de degrés compris entre la règle et le point équinoxial du printemps, sera l'ascension droite de l'étoile. Le nombre d'heures et de minutes du second cercle, compris entre la règle et le point équinoxial, exprimera la même ascension droite réduite en temps.

Exemples.

L'ascension droite d'*Aldebaran*, le premier janvier 1790, est de 65° 58', et en temps, de 4 heures 23' 52".

L'ascension droite de *Sirius* est de 98° 58', et en temps, de 6 heures 35' 52".

L'ascension droite de *Régulus* est de 149° 17', et en temps, de 9 heures 56' 1".

PROBLÈME III. *Trouver la déclinaison d'une étoile, ou le nombre de degrés dont elle est éloignée de l'équateur.*

Prenez avec un compas la plus courte distance de l'étoile à l'équateur, portez cette ouverture de compas sur le colure divisé en 90°, à compter depuis l'équateur; le nombre de degrés du colure, compris entre les deux pointes du compas, sera la déclinaison de l'étoile. Cette déclinaison est septentrionale ou méridionale, selon que l'étoile se trouve, ou dans l'un ou dans l'autre hémisphère.

Exemples.

La déclinaison d'*Aldebaran* est de 16° 5' septentrionale.

La déclinaison de *Sirius* est de 16° 26′ méridionale.

La déclinaison de *Régulus* est de 13° 0′ septentrionale.

PROBLÈME IV. *Trouver à quelle heure d'un jour donné, une étoile proposée passera au méridien d'un lieu donné.*

Cherchez l'ascension droite du soleil, suivant le problème 1ᵉʳ, et celle de l'étoile pour le jour donné, l'une et l'autre en temps. Retranchez l'ascension droite du soleil de celle de l'étoile, ainsi qu'il suit :

Asc. dr. de l'étoile 60°, en temps, 4 heures.

Asc. dr. du soleil 30°, en temps; 2 heures, donc l'étoile passera au méridien 2 heures après midi.

Mais si l'ascension droite du soleil est plus grande que celle de l'étoile, augmentez de 24 heures l'ascension droite de l'étoile, le reste de la soustraction sera l'heure approchée du passage de l'étoile au méridien, comptée depuis midi du jour proposé.

Exemple.

L'ascension droite du soleil étant de 60°, en temps, 4 heures, l'ascension droite de l'étoile étant de 30°, en temps, 2 heures, il faut prendre la totalité du cercle qui est 360°, en temps, 24 heures.

Or 360° + 30°, = 390°, en temps, 26 heures.

Retranchez. . . 60°, en temps, 4

___

Le reste est. . . . . 22 heures; donc l'étoile passe au méridien à 10 heures du matin du lendemain du jour proposé.

Pour avoir plus exactement l'heure du passage au

méridien, vous retrancherez autant de fois une minute, qu'il s'est écoulé de fois six heures depuis midi
jusqu'à l'heure du passage de l'étoile.

Exemple I.

On demande à quelle heure *Aldebaran* passera au
méridien de Paris, le 15 novembre 1790.

Ascension droite d'Aldebaran,
en temps, ...   4 h. 24′ 0″

Augmentée par la raison susdite
de . . . .   24 h. 0′ 0″
____

Vous aurez . . . .   28 h. 24′ 0″

Ascension droite du soleil, le 15
novembre , ...   15 h. 24′ 0′
____

Soustraction faite, reste . . .   13 h. 0′ 0″

De ce nombre, il faut déduire 1′
pour 6 h. . . . .   2′ 10″
____

L'heure vraie du passage d'Aldebaran au méridien, le 15 novem-
bre, est donc à . . . . . .   12 h. 57′ 50″

Cette heure, comptée depuis midi, répond, le 16
novembre, à 57′ 50″ après minuit; d'où il résulte
que, si vous voulez avoir le passage d'une étoile
pour un jour indiqué, il faudra calculer, pour le
jour précédent, toutes les fois que l'ascension excé-
dera celle du soleil.

Exemple II.

On demande à quelle heure *Sirius* passera au méridien de Paris, le 10 mai 1790.

Ascension droite de Sirius, en temps	6 h. 35′ 54″
Ascension droite du soleil, le même jour, à midi et en temps, .	3 h. 10′ 0″
Heure approchée du passage au méridien	3 h. 25′ 54″
Diminution, à raison de 1′ pour 6 heures.	34
Heure vraie du passage au méridien, le 10 mai, après-midi . .	3 h. 25′ 30″
Sirius passera donc au méridien, le 10 mai, à	3 h. 25′ 30″

Exemple III.

On demande l'heure du passage de *Régulus* au méridien de Paris, le 8 décembre 1790.

Ascension droite de Régulus, en temps et augmentée de 24 h.	33 h. 57′ 12″
Ascension droite du soleil, le même jour à midi et en temps. .	17 h. 2′ 6″
Heure approchée du passage au méridien	16 h. 55′ 6″
Diminution, à raison de 1′ pour 6 heures.	2′ 49″
L'heure vraie du passage au méridien, le 8 décembre après-midi.	16 h. 52′ 17″

Ainsi Régulus passera au méridien de Paris, le
9 décembre, à 4 h. 52′ 17″ du matin le lendemain.

PROBLÈME V. *Trouver quelles sont les étoiles cir-
compolaires, qui ne se lèvent et ne se couchent
point, mais qui sont toujours sur l'horizon d'un lieu
dont la latitude est connue.*

Du centre de l'hémisphère septentrional, si la latitude du lieu est septentrionale, et d'une ouverture
de compas égale au complément de la latitude, prise
sur le colure divisé en 90°, décrivez une circonférence autour du pole; toutes les étoiles renfermées
dans cette circonférence seront celles qui ne se lèvent et ne se couchent point, mais qui sont toujours
sur l'horizon du lieu proposé. Toutes les étoiles, qui
se trouveront sur la circonférence, seront celles qui
passent, chaque jour, dans leur révolution journa-
lière, au zénith du lieu proposé.

Exemple.

Si, du centre de l'hémisphère septentrional, et
d'une ouverture de compas égale à 41° 9′, complément de la latitude de Paris, vous décrivez une circonférence, toutes les étoiles, renfermées dans cette
circonférence, sont celles qui restent toujours sur
l'horizon de Paris, et celles qui se trouvent sur
cette circonférence, passent tous les jours au zénith
de Paris.

Observez que, chaque année, le soleil, par son
mouvement propre d'occident vers l'orient, rencontre les différentes constellations de l'écliptique,
et les rend invisibles pour nous par l'éclat de sa lumière. Lorsque le soleil, après avoir traversé une

constellation, est assez éloigné d'elle pour se lever une heure plus tard, la constellation commence à paraître le matin, en se levant un peu avant que la lumière de cet astre soit assez considérable pour la faire disparaître; c'est ce qu'on appelle *lever hélia-que* ou *solaire* des étoiles. De même le *coucher hé-liaque* arrive, lorsque le soleil approche d'une con-stellation; car avant qu'il l'ait atteinte, elle cesse de paraître le soir après le coucher du soleil, parce qu'elle se couche trop peu de temps après lui.

Quoique le lever héliaque des étoiles fût le plus remarquable chez les anciens, ils distinguaient encore plusieurs autres espèces de levers et de couchers. Les modernes, à leur imitation, ont distingué le *lever cosmique*, qu'on peut appeler le lever du ma-tin, et le *coucher cosmique*, ou coucher du matin, aussi bien que le lever et le coucher *acroniques*, qu'il vaudrait mieux appeler le lever et le coucher du soir. Le moment du lever du soleil règle le lever ou le coucher cosmique. Lorsque des étoiles se lè-vent avec le soleil, ou se couchent au soleil levant, on dit qu'elles se lèvent et se couchent cosmique-ment; mais quand elles se lèvent ou se couchent le soir, au moment du coucher du soleil, on dit que c'est le lever ou le coucher acronique; d'où il ré-sulte que le coucher acronique suit, à 12 ou 15 jours près, le coucher héliaque, du moins pour les étoiles voisines de l'écliptique, et que le lever cosmique précède de la même quantité le lever héliaque.

PROBLÈME **VI**. *Trouver la longitude d'une étoile.*

1° Prenez, avec un compas et sur le parallèle de l'étoile, la distance des deux cercles de latitude, entre lesquels se trouve cette étoile ; ensuite mesurez cette ouverture de compas sur une échelle de parties égales. 2° Prenez encore, avec le compas, la distance de l'étoile au cercle de latitude, qui a moins de longitude que cette étoile ; mesurez aussi cette ouverture de compas sur la même échelle de parties égales. 3° Faites cette proportion : la première ouverture est à la seconde, comme 30 degrés sont au nombre de degrés, dont la longitude de l'étoile est plus grande que celle qui répond à ce cercle de latitude : ajoutez donc le nombre de degrés et de minutes, trouvé par la proportion précédente, à la longitude qui répond au cercle de latitude, vous aurez la longitude de l'étoile.

Exemple.

Il s'agit de trouver la longitude de la Claire de la Lyre, le premier janvier 1790.

La distance des deux cercles de latitude, entre lesquels est placée cette étoile, mesurée sur l'échelle des parties égales du compas de proportion, est de 52 parties ; la distance de la même étoile au cercle de latitude, qui a le moins de longitude que cette étoile, et dont la longitude est de 9 signes, en partant du Bélier, passant par le Taureau, etc., mesurée sur la même échelle de parties égales, est de 21° 30′ : faites cette proportion ; 52 : 21° 30′ :: 30 : 12° 24′, qui ajoutés aux 9 signes, donnent, pour la longitude de l'étoile, 9 signes 12° 24′.

PROBLÈME VII. *Trouver la latitude d'une étoile.*

1° Prenez avec un compas, la distance des deux parallèles à l'écliptique, entre lesquels est située l'étoile, et mesurez cette ouverture de compas sur une échelle de parties égales. 2° Prenez, avec le compas, la distance de la même étoile au parallèle tracé entre cette étoile et l'écliptique; mesurez cette ouverture de compas sur la même échelle de parties égales. 3° Faites cette proportion; la première ouverture est à la seconde ouverture, comme 10° sont au nombre de degrés et minutes qu'il faut ajouter à la latitude du parallèle, qui se trouve entre cette étoile et l'écliptique.

Exemple.

Trouver la latitude de la Claire de la Lyre.

La distance des deux parallèles à l'écliptique, entre lesquels est située l'étoile, est de 40 parties égales. La distance de la même étoile au parallèle à l'écliptique, placé entre cette étoile et l'écliptique, et dont la latitude est de 60°, mesurée sur la même échelle, est de 7; faites cette proportion; 40 : 7 :: 10° : 1° 15′; ajoutez 1° 45′ à 60°, vous aurez pour la latitude de l'étoile 61° 45′ boréale.

IMPRIMÉ CHEZ PAUL RENOUARD, RUE DE L'HIRONDELLE, N° 22.